THE ODD MONTH

The Odd Month

Valeria Meiller

Translated by Whitney DeVos

Black Ocean
Boston · Chicago

Black Ocean
P.O. Box 52030
Boston, MA 02205
blackocean.org

Cover and Book Design by Janaka Stucky | janakastucky.com

ISBN: 978-1-939568-91-5

Library of Congress Control Number: 2024934970

Printed in Canada

FIRST EDITION

Llega, hasta sus oídos, sin estridencias, el rumor de febrero, el mes irreal, concentrado, como en un grumo, en la siesta.

It reaches their ears, without shrillness, the murmur of February, the unreal month, concentrated, like a lump, during siesta.

Juan José Saer

Table of Contents

INTRODUCTION

Born just after the Dirty War (1976–1983), Valeria Meiller is part of a generation of Argentine writers that came of age under Carlos Menem (1989–1999), a two-term president whose ten year rule was marked by corruption, hyper-inflation, dereg-ulation, and mass privatization. In the short term, Argentina's efforts toward free market capitalization ushered in a period in which the conversion "one dollar, one peso" contributed to a perceived collective national feeling of belonging within the globalized world. Proximity to foreign cultural objects, as well as music and literature in English, and the relative affordability of traveling abroad, fostered a style known as literary neo-objec-tivism, with which Meiller's work is in dialogue.

Neo-objectivism emerged in the late 1980s as an alterna-tive to neobaroque and neobarroso poetic forms, popularized during the early to mid-1980s, which had employed excess, al-lusiveness, delirium, and opacity as a critique of earlier modes of political writing.[1] Crucially, the difficult stylistics of the neobaroque had permitted Argentine writers to circumvent the military dictatorship's draconian censorship laws and

---

[1] Initially a response to misogynistic and heterosexist forms of politically committed poetry of the 1960s and 1970s, neobaroque poetry appeared in Argentina in the early 1980s. With the 1984 publication of Néstor Perlongher's long poem "Cadáveres" [Cadavers] came the advent of the "neobarroso" [new-muddy], a term Perlongher coined to describe a style that took the golden forms of the baroque and sullied them with mud from the Río de la Plata.

to condemn, however obliquely, authoritarianism.[2] During Argentina's transition to democracy (1983–1989), however, censorship laws were loosened, allowing for the greater circulation of more diverse forms of discourse through the creation of new outlets for intellectual, artistic, and political thought. At the same time, the sitting government made significant concessions to the IMF as well as to the military leaders responsible for crimes committed during the dictatorship.

Shifting, and at times contradictory, conditions prompted an urgent reconsideration of literature's role in public life. Young writers in particular became convinced that the once-emancipatory and subversive techniques of the baroque revival had lost their disruptive power in an increasingly neoliberal "democratic" present. By 1987, poets such as Daniel García Helder had begun calling for a language of economy and precision and a renewed attention to communicative purpose.[3] Those who gravitated toward this reorientation became known as neo-objectivists, a loose designation that marked shared affinities between poets such as Alejandro Rubio, Martín Gambarota, Cecilia Pavón, and Fernanda Laguna, rather than a codified literary movement governed by a singular, cohesive poetics.

Neo-objectivist poets were encouraged by Juan José Saer, the Argentine author whose epigraph opens this book, as

---

[2] Perednik, Jorge, "Nueva poesía argentina durante la dictadura (1976–1983)," in *Nueva poesía argentina durante la dictadura (1976–1983)* (Buenos Aires: Ediciones Calle Abajo, 1992), 19–20.

[3] García Helder, Daniel, "El Neobarroco en la Argentina," in *Diario de Poesía*, no. 4, 1987, 24.

much as by reading poets such as William Carlos Williams in translation, to direct their gaze toward things. Yet the goal, according to Daniel Freidemberg, was "not to document anything but to reinstate the main question that symbolism left us almost a century ago: what do things have to tell us, what do they tell us."[4] With a particular emphasis given to the materiality of language, neo-objectivist poetry offered a way of mapping existing conditions. Polyphonic poems written in a neo-objectivist vein often included found text, such as slogans and song lyrics as well as snippets of quotidian conversation and transmissions from various modes of media, which together amounted to what Bodil Kok has referred to as a "social mirror" the poet holds up to their readers. Part of what is being reflected is a contemporary social imaginary "marked by a radical disappointment in all ideological, institutional, political promises."[5] Even so, it is often the case that these neo-objectivist poems are not overtly "about" politics. Jorge Ricardo Aulicino, an editor of the neo-objectivist revista *Diario de Poesía* (1986–2012), went so far as to distance poetry from social discourses altogether.[6]

Meiller belongs to the generation which follows the

[4] Freidemberg, Daniel, "Dos lecturas sobre Edgardo Russo," in *Diario de Poesía*, no.10, 1988, 36.

[5] Dobry, Edgardo, *Orfeo en el quiosco de diarios: Ensayos sobre poesía* (Buenos Aires: Adriana Hidalgo Editora, 2007), 133.

[6] Porrúa, Ana, "Poéticas de la mirada objectiva," *Crítica Cultural*, no. 2, vol. 2, 2007, n.p. http://www.portaldeperiodicos unisul.br/index.php/Critica_Cultural/article/ view/105.

neo-objectivism of the 1990s and for this reason is not considered to be a neo-objectivist herself. Instead, *El mes raro* or *The Odd Month*, a collection of twenty-nine prose poems, draws from neo-objectivism while constructing an active, pluralized lyrical world within which we find multiple subjectivities, human and non-human, existing together upon the pampas during the summer month of February in an unknown year. If Meiller demonstrates a keen attention to spatiality and materalism honed by the neo-objectivists she grew up reading, her work also distinguishes itself from the poets who preceded her by taking seriously the multiple lifeworlds that together make up a place. That is, when she fixes her eye on "objects" such as "two palms transplanted from the hill in old milk jugs," they are imbued with subjectivities and emotional realities of their own: "The tallest slips away from the sun," she writes in "Some Species," "searching for a way to bend underneath the beams. The other submits obediently to the weather and is drying out because the first line of bushes is unable to protect it." In *The Odd Month*, attempting to differentiate between subject (the observer) and object (that which is observed) results in a dichotomy as false as the one that has long structured academic debates about nature and culture.

The palms, like the man, woman, and boy who serve as *The Odd Month*'s most prominent human characters, are profoundly shaped and endangered by their immediate environments. At the same time, held tenderly by Meiller, these vulnerable actors find quiet ways of inscribing their ways

of being upon their shared, and often unsettling, domestic spaces. The recurring image of the country house is never just a country house, but a microcosm of a colonial nation, the terrain upon which the state's violent hold is constantly negotiated. If the *The Odd Month* can be thought of as a series of "eco-poetic vignettes," the work also troubles the oft-repeated, laudatory refrain of "ecopoetry" as a "homemaking." In her uncanny and unmistakeably lyric treatment of the settler colonial domestic spaces, Meiller shows how the intertwined making of home and nation have wreaked ongoing havoc upon the land and its peoples for generations. In doing so, Meiller subtly examines the underlying structures which determine the conditions of possibility for the contemporary Argentine landscape and its many inhabitants.

Covering more than 460,000 square miles, the low, fertile grasslands known as the pampas (the Quechua word for "plains") represent a terrain—literal, literary, and symbolic—whose role in Argentine national identity is difficult to overstate. Known colloquially as "the odd month" as much for its unusual number of days as for the quotidian state of exception it engenders, February in the rural Argentine imaginary has historically represented an auspicious time: the only month without rain, in which that season's crops are gathered, celebrated, tallied, and accounted for. Yet, as climate change upends communal expectations regarding timeworn practices of manipulating nature in the name of economic productivity, *The Odd Month* performs a symbolic

investigation of quotidian violence during "el mes raro." In so doing, Meiller returns to a nineteenth century Argentine literary tradition that emerged in concert with the nation's settler origins: founded on the idea of an enormous rural extension of the country, it promised modernization and the insertion into the global economy.

In place of rural modernity, *The Odd Month* charts a dystopian yet highly lyrical landscape at the intersection of the twenty-first-century agroindustry (which, since the early 2000s has rapidly transformed rural areas, in terms of natural configuration and the technologies used to produce crops), and a historically-specific drought indexing a climate apocalypse of biblical proportions: from mid-November 2008 through mid-February 2009, unusual weather patterns brought extreme temperatures and low rainfall to parts of rural Argentina that are normally productive agricultural land. During this severe drought, crop yields were devastated. Pastureland disappeared; cattle and people starved. The promise of exceptionality the "padres de la patria" saw in "el campo" is, in *The Odd Month,* no longer a promise, but evidence of the failed project of a nation: "No one forced them to live at the world's edge," Meiller writes, "but now they must strike the field, the buckshot, the inches, a property that seems to die of sadness."

The violent history of a nation built with slave labor upon the extermination of vast numbers of Indigenous peoples lingers, passed down from generation to generation. Children who have "white teeth and know all about material conquest"

smile unsettlingly, "knowing the rhythm of another time, distant and resembling a cloud's movement across the sky." Having inherited the "poise of a world in which people no longer depend on the height of the grass," these children are, in turn, the progeny of men who "took everything because [they] could, and afterward sowed seed along the road and at its edges," whose strength was "stolen from the field in a better season." Nevertheless, within the younger generation lies the subjunctive possibility of other ways of being and being with the land. As men attempt to tame the drought-stricken earth toward arability, the children "plow the air into rows as if they were singing: *all genealogy is false, the speckled birds are with me, around me, my father is against me.*"

The Odd Month constructs a complex timescape that alternates between historic specificity and yet verges on the archetypal, upending Argentina's infamous *gauchesco* genre to reflect on the ways the once-idealized landscape has since been transformed. Meiller considers the violent origins, manifestations, and consequences of discourses of "progress" and urban positivism in the "Global South," and the movements of figuration and (dis)figuration of the bodies upon which capitalist heteropatriarchy depends. Yet, if on the one hand, there is the law—of the family, of religion, of animal domestication, of trickle-down economics—attempting to produce order through different systematizations of the natural, on the other we see how animal and plant life put these laws into crisis by resisting inscription into human cultural practices.

TRANSLATOR'S NOTE

In translating Meiller's work, I've chosen to leave the punctuation largely as it appears in the Spanish. Dialogue, for example, is marked by an em-dash (–). For readability, and sometimes in the interest of rhythm, some comma splices (common in Spanish and especially Argentine Spanish) have been rendered as two clauses separated by a semi-colon. Likewise, as is custom in standard English punctuation, a comma has been added in a number of sentences that contain two independent clauses linked by a coordinating conjunction. However, in the Spanish, the propulsive rhythm of *El mes raro* is established by the use of long, at times run-on sentences. Leaping forward as a rabbit might—or lurching into the sky like a bird disturbed by the sound of a gunshot—Meiller's lyric prose has a phrenetic quality that underwrites the collection's interest in the wild at the level of form. Standard English punctuation, as one more human system that seeks to control and domesticate, is thus disregarded where necessary.

CONEJOS

En el futuro de la casa de campo hay pájaros y ellos parten olvidando una valija que no será indispensable. Aceptan el destino con voluntad, como aprendieron a ahogar crías en los bebederos: es necesario y la necesidad es la forma que conocen de la alegría. Actúan de acuerdo a sus rudimentos, desde la primera caza de conejos.

Es el verano de los cartuchos suaves, agazapados para el tiro al salto, vestidos del color de la maleza. Corre un año en que todos los conejos del coto caen enfermos y eso los impresiona tanto que algunas noches sueñan con largas hileras de animales muertos y se despiertan para tocarse los brazos y saber que no llevan escopetas. Ella elige las armas y determina la cantidad de balas cuando recibe la noticia. Él llega en mitad de la mañana con la cara partida de sorpresa para decirle—las vacunas no funcionaron. El destino es un misterio ingobernable: la muerte benévola y mansa cediendo ante la muerte benévola y mansa.

En la víspera de la Navidad visitaron a las hermanas. El monasterio solo existió en el filo silencioso de la siesta y el ladrido de los perros cortó el aire. El misterio que corona las catedrales es el silencio y las familias lo aprenden al asomarse al círculo del oro. Todo es amplio porque alguien creyó que los seminaristas serían muchos. También los cerdos, las gallinas y los conejos. Una monja le puso un conejo blanco

RABBITS

In the future of the country house are birds, and the two of them depart, forgetting a suitcase that won't be essential. They accept fate willingly, the way they learned to drown litters in watering troughs: it is necessary, and need is the only form of joy they know. They act according to their rudiments, ever since the first rabbit hunt.

It is the summer of soft-point cartridges, crouching to shoot at the jump, everyone dressed in the color of the under-growth. It is the year all the hunting rabbits fall ill, and they are so astounded some nights they dream about long rows of dead animals; they wake to feel their limbs and know they carry no shotguns. When she gets the news, she chooses the weapons and the quantity of bullets. He arrives in mid-morning, his face split by surprise to tell her—the vaccines did not work. Destiny is a mystery impossible to govern: the benevolent and gentle death yielding to the benevolent and gentle death.

On Christmas Eve, they visited the sisters. The monastery existed only within the quiet edge of siesta; the barking of dogs cleaved the air. Silence is the mystery that crowns cathe-drals, and families learn it when they lean into the gold circle. Everything is ample, as someone once believed there would be many priests. Pigs, hens, and rabbits also. A nun placed a white rabbit in her arms; she lifted it from an enormous cage where it was hiding behind a pile of hay. The animal was hard

entre los brazos, lo levantó de una jaula inmensa donde se agazapaba tras una pila de heno. Le costó tomarlo porque el animal temblaba y ella sabe que en el principio, como en una mañana glacial, existe la idea de la muerte. Mientras lo sostenía, la mujer con el pelo cubierto había dicho que pronto iban a sacrificarlo y el animal temblaba.

Cuando se fueron, imaginaron que las hermanas ordenarían todo rápido. Barrerían, lavarían los cacharros y los pondrían en su sitio, de tal modo que pareciera que nunca habían recibido visitas. Que no fuera a pensarse que las monjas y los conejos eran lo mismo, ellas no cedían ante el milagro de la vida y era difícil no pensar en eso.

—Lo que hacés primero es partirle el cuello. Le cortás la cabeza y después, lo pelás.

Quitarles el cuero a los animales se convierte en un acto de amor, el trabajo del cuchillo separando con ternura el abrigo de la carne. Viven los sacrificios con gratitud, se alegran en la temporada de caza. Y ahora que los conejos están todos enfermos, la pólvora se humedece como la mañana y los armeros se llenan de tierra.

to pick up because it was trembling, and she knows that, in the beginning, as with a glacial morning, there exists the idea of death. As she held the rabbit, the woman with covered hair said it would soon be sacrificed; the animal trembled.

When they left, they imagined the sisters would soon tidy up. They would sweep, wash the pots, and put them back in their places, so it would seem as though they never had visitors. Let it not be thought that nuns and rabbits were the same; nuns did not yield to the miracle of life, and it was hard not to think of this.

—First thing to do is to break its neck, then you cut off its head and peel back the body.

Skinning the hide of animals becomes an act of love, knifework tenderly separating fur from flesh. They experience sacrifices with gratitude, they rejoice during hunting season. And now that all the rabbits are sick, gunpowder dews like morning, and the gun racks fill with dust.

LANGOSTAS

El cielo lleva meses sin encapotarse. Ningún viento estremece los árboles y en la inmovilidad se doran las copas. Mejor hubiera sido elegir una forma más segura de subsistencia, donde las variables del clima no dijeran nada. Pero en cambio están ahí, luchando como corredores de fondo contra el terreno y sus dificultades.

—En el campo, no des nunca nada por sentado—se repite en la cabeza de él.

La sequía se transmite a su cuerpo por contagio y delira por la sed del pasto. Es una peste, la sequía como las langostas. Un silencio en que los pensamientos son amarillos y los bordes del paisaje lastiman. No imaginó nunca que febrero sería así. Alguna vez pensó en una plaga de langostas arrasando con todo a su paso, pero la imagen era distinta: un parpadeo, el zumbido, y en mitad del día un cielo negro. Alguien—ella o él—levantaba la cara y veía una inmensa nube oscura. De un momento a otro, se sacudían los sembrados y después todo estaba pelado igual que una rama en julio. La voz de las langostas, puede oírla—pero la sequía es una agonía sorda. Invierte el sentido de las puertas, que se cierran a los golpes, sin estremecer siquiera a quienes las empujan.

LOCUSTS

For months the sky has not turned overcast. No wind shakes the trees, and treetops turn yellow in the stillness. Better to have chosen a more certain form of survival, where variables in climate would mean nothing. But instead they are there, struggling against the land and its obstacles, like long-distance runners.

—In the country, never take anything for granted—the phrase repeats in his head.

The drought is transmitted to his body by contagion, and he raves for thirst of grass. It is a plague, the drought like locusts. A silence in which thoughts are yellow and each edge of the landscape hurts. He never imagined February could be like this. He'd thought once about a plague of locusts razing everything in their path, but the image was different: a blink, a whirr, and at midday a black sky. Someone—either of them— would look up and see an immense dark cloud. From one moment to the next, the fields were shaken and then peeled like a branch in winter. The sound of the locusts, he can hear it—but the drought is a deaf agony. It inverts the course of a door, slammed in anger, not even a shudder in the ones that push.

LOS GALLINEROS

A esta hora del día en que la luz vira hacia el rosa pálido y los contornos del jardín languidecen, es como si en algún punto de la ramificación algún pariente desapareciera y, hacia delante, la incertidumbre dominara todas las posibilidades de la herencia.

Los conejos, las tonalidades afectivas, los meses del verano en ciernes.

Es inútil intentar pensar con claridad. En las habitaciones, las lámparas iluminan su territorio, pero en esta amplitud de tierra la luz es imprecisa. ¿Cuántos perdigones se encallan entre las flores de los cardos? ¿Y de padres en los rincones bravos del pasto? Ella ensaya un recuento de números pares e impares, decenas de huevos rotos en los gallineros. Sentada en la galería de la casa, lo ve venir. Después de un día más sin lluvia, él es apenas una sombra, que avanza cautelosa por las lajas que unen los asentamientos del casco.

THE HENHOUSE

At this hour, the light pales pink and the contours of the garden languish. It's as if, somewhere along the line, some relative or another had disappeared from the family tree and, ever since, uncertainty dominated all possibilities of inheritance.

The rabbits, the affective hues, the summer months burgeoning.

It's useless to try and think clearly. In the bedrooms, lamps illuminate their territory but, across such a vast expanse of land, the light is imprecise. How much birdshot was left stranded among the thistle flowers? How many families left in the fierce corners of the grass? She rehearses a count of even and odd numbers, dozens of broken eggs in the henhouse. Seated under the veranda, she sees him coming. After another day without rain, he's barely a shadow, moving hesitantly along the stone paths.

UNA PERDIZ

En el pueblo dicen que a cien metros de distancia, si apunta con un veintidós, es difícil que falle. Tiros más o menos, el chico es capaz de darle a cualquier cosa que se le ponga enfrente. Llega en el tren de las cinco y va a quedarse a pasar las vacaciones de verano. Lo único que eso significa para ellos es que tendrán aún más trabajo.

—Está un poco pálido—dice ella cuando lo ve en el andén.

—Solo espero que no tengamos que pasar la temporada llevándolo del hospital a la casa—es todo lo que él pronuncia como respuesta.

Entran al toc de la luz de giro al camino de tierra. Los alambrados se alinean a los postes y una hilera desordenada de álamos nuevos crece un poco más allá, al costado de un corral de faena. Dos perdices levantan vuelo cerca de la rueda trasera y no cruzan más que algunas frases de rigor durante todo el camino. Sin embargo, el chico pide que se detengan. Abre el baúl del coche: las perdices ya están lejos pero levanta una pistola. Dispara hasta que escucha algo caer y va en dirección al canal donde se hamacan las totoras. Al regresar, camina un poco de lado para no mancharse la ropa. El pájaro está destrozado y el chico pide las direcciones para llegar hasta la casa a pie. La sensatez de ella es grande y, al ver la perdiz, desconfía de que el valor del animal supere el precio de las balas.

A PARTRIDGE

It's said around town that if he fires a .22 at a hundred meters, he'll hardly ever miss. A few shots more, or a few less, the boy can hit anything that puts itself in front of him. He arrives on the five o'clock train to stay through the summer holidays. The only thing this means for everyone else is that they'll have even more work to do.

—He's a bit pale—she says, when she sees him on the platform.

—I just hope we don't have to spend the whole season taking him back and forth from the hospital—is all he responds.

They enter a dirt road at the click of the turn signal. The wire fencing lines up with the electricity posts, and a row of young poplars grows unevenly a bit further back, at the edge of the corral. Two partridges suddenly take flight near the rear wheel, and only a few polite words have been exchanged the entire way. Regardless, the boy tells them to stop. He opens the trunk of the car: the partridges have already flown away; still, he raises a pistol. He fires until he hears something fall, and runs toward the canal, where the cattails are rocking back and forth like a hammock. He returns holding the partridge at arm's length to avoid staining his clothes. The bird is shattered; the boy asks how to get to the house on foot. She has a sharp eye and, upon seeing the partridge, doubts the animal is worth more than the bullets.

CANELA

En tres palmos de jardín, él escribe.

Ella imagina llegar a la médula del sueño y las cartas que desea recibir empiezan sobre un fondo verde y llovido, donde todo lo demás es blanco como el arroz cortado.

En el jardín de la casa de campo se levanta un tallo, precursor del buen tiempo y dice:

—La rama que me crece del pie tiene unas flores.

Él piensa:

Aquí las especias eclipsan a los árboles.

Ella dice:

—¿Qué hago ahora con el libro de las flores silvestres?

Cierra los ojos y ve a la rosa china en plena floración, en el ojo de sol de su balcón, peinándose.

—¡El siglo de la velocidad!—dice.

Pero ¿dónde? ¿Cómo es así? En realidad, nada ha cambiado.

Él dice:

—Voy a pasar de los árboles y la canela por un buen tiempo.

¿El cuerpo? Pura memoria.

La vida que comparten es torpe y ruedan por la superficie rozándose los codos.

Entonces, ¿por qué antes no habían estado tristes? ¿Los conmoverían las chispas del sol en el galpón? ¿Los brotes de su economía secándose? Tal vez, pero también podría ser esto: pasar de enero a la sequía sabiendo que en realidad lo que se

CINNAMON

In three garden-length spans, he writes.

She imagines arriving at the marrow of the dream. The letters she longs for begin on a background green and rain-streaked, where everything is white like chopped rice.

In the garden of the country house, a shoot, precursor of good weather, rises and says:

—The branch growing from my foot has a few flowers.

He thinks:

Here, the herbs eclipse the trees.

She says:

—What am I to do now with the book of wildflowers?

She closes both eyes and sees the China rose in full bloom, combing itself in the sun's eye, on her balcony.

Says:

—The century of speed!

But where? How is it like this? In reality, nothing has changed.

He says:

I'll pass on the trees and cinnamon for a while.

The body? Pure memory.

The life they share is awkward and they roll over the surface rubbing, elbows.

So, why had they not been sad before? The sparks of the sun in the shed, would those move them? The sprouts of their

eclipsa está por fuera del mundo. O mejor, tener un sueño con conejos atrapados en un coto de caza.

economy drying up? Perhaps, or it could be this: watching January turn to drought and knowing that what is eclipsed is outside this world. Or better, dreaming of rabbits caught at the hunting ground.

PASTO

Recorren los potreros en silencio y se detienen varias veces. Son silvestres, para ser salvajes les falta pasión y en este país hay prados. Hay ciervos también. Animales capaces de levantar su presa embistiéndola con un movimiento de cabeza, o de enredarse la cornamenta entre las ramas de los árboles y quedar atrapados durante días.

Desde hace tres noches, ella sueña:

En la víspera de su boda, un hombre se sienta solo en el porche de su casa a comer veinticuatro naranjas. Es Irlanda y el tiempo de la guerra, un tiempo en que las naranjas son un bien preciado y difícil de conseguir. Se pregunta muchas veces qué clase de hombre hace una cosa de ese tipo. Por momentos, se pierde ahí—aunque ella sea una mujer y ese país no sea el del Gran Canal.

Él en cambio no sueña. Es un hombre con el pelo del color del trigo que mira algo imposible de adivinar a lo lejos. Hacia delante existe un mundo donde la urgencia gira en las aspas, los molinos son blancos y el mercado no satisface las expectativas de una casa llena de huéspedes. Lo protege apenas una hoja, el cordón de una genealogía vegetal. A la izquierda del deber, en un desvío donde la imperturbabilidad cede, hay un campo en tierras encumbradas y los tallos de la imaginación altos, con las hojas inmensas.

GRASS

They go through the pasture in silence, stopping several times. They're wild, they lack the passion brutality entails, and in this nation there are meadows. Deer, also. Animals that charge, capable of flinging their prey with a shake of the head, or tangling an antler among the branches and staying trapped there for days.

For three nights, she dreams:

On the night before his wedding, a man sits alone on the porch of his house and eats twenty-four oranges. He's Irish and it's wartime, when oranges are precious and hard to get. She wonders again and again what kind of man does a thing like that. Now and then, she gets lost there—though she is a woman and this nation is not the one with the Grand Canal.

He does not, meanwhile, dream. A man with wheat-colored hair, he looks into the distance at something impossible to guess. Ahead there is a world where urgency turns the blades, where the mills are white, and the market does not satisfy the expectations of a house full of guests. He is protected only by a leaf, the cord of a plant genealogy. To the left of duty, along a detour to which aplomb yields, there is a field in the highlands and the tall stems of imagination, with immense leaves.

EL ANIMAL

Bajo la luz de las linternas, el cuero se abre con la ferocidad de un brote.

Él le pide que no mire, y ella se queda quieta, con la linterna en una mano y un palo para ayudarse a caminar en la otra. Las huellas de las bicicletas van en dirección al pueblo. Deben ser dos hombres, tal vez con un niño. Abandonaron al animal casi entero, espantados por el ladrido de los perros.

Él dice que no era posible sacrificarlo entre los pajonales, por eso lo arrastraron hasta el bebedero donde el suelo está muerto por el pisoteo constante de las vacas y el agua cerca para lavarse las manos. Ella lo mira suponer, suspende el juicio. La escena que reconstruyen se remonta apenas a unas horas antes y sin embargo la distancia que los separa de ella les parece infinita.

Ahora que los partes del clima dicen, en una curva ascendente casi perfecta, que el próximo será el invierno más frío del que se tenga memoria ¿cómo harán para caminar en mitad de la noche como hoy? ¿De qué manera se arrimarán a esas muertes, o hacia el lugar donde los perros ladran?

THE ANIMAL

Under lantern light, the hide splits open ferociously, as a shoot ruptures seed.

He asks her not to watch, and she stays still, a lantern in one hand and a walking stick in the other. The bicycle tracks lead towards town. There must have been two men, maybe a boy. They left the animal almost intact, spooked by the barking dogs.

He says it wasn't possible to slaughter it on the grasslands, so they dragged it to the trough, where the ground is trampled dead by cows, and water is close by, to wash their hands. She watches him conjecture, suspending judgment. The scene they reconstruct goes back only a few hours and yet that distance seems, to them, infinite.

Now that climate reports demonstrate, in an almost perfect upward curve, that next winter will be the coldest for which there is memory—how will they fare walking in the middle of the night? How will they draw closer such deaths, or start towards the barking of the dogs?

.22 LONG RIFLE

Para el chico, lo único claro es golpear la punta suave de un percutor anular, el olor a pólvora un segundo después de ver salir una estela de humo. Los ritos de batalla, tras su máscara de violencia, guardan secretos que los que disparan protegen como beatos. La pólvora lo hace pensar en el aroma del fósforo en su casa: las osamentas secas que traen los perros por la mañana, encender la salamandra en invierno, hacer tamborilear el tanque de agua para los baños de la noche.

En un cajón del escritorio hay un container de municiones importadas, cien cartuchos prolijamente dispuestos sobre sus orificios bajo la etiqueta azul de 22 Long Rifle. Cuenta once adentro del cargador sin furia y se encarama apoyándose contra la estructura de hierro que sostiene la parra.

Hace buenas agrupaciones. Arrima el arma al hombro y después de tirar siente la tensión sobre el músculo. A veces la tirantez se convierte en un dolor agudo, y otras en un calambre que le impide terminar de levantar el brazo. Igual continúa y recién cuando la recámara está vacía, se acerca a mirar por donde entraron las balas, apoya las yemas sobre la madera buscando el orificio redondo, distinto de las estrías naturales del tronco.

Cada detonación es un bálsamo. Aun cuando de noche el ruido de las percusiones lo haga soñar con estampidas que pasan destruyéndolo todo. A veces son búfalos, otras sim-

.22 LONG RIFLE

For the boy, only two things are clear: the smooth tip of the trigger and the smell of gunpowder upon seeing a trail of smoke leave the barrel. Behind a mask of violence, battle rites keep secrets riflemen devoutly protect. Gunpowder reminds him of the smell of phosphorus in the house: dry bones the dogs bring in the morning, lighting the wood-burning stove in winter, the drumming of the water tank as it heats up an evening bath.

In a desk drawer, there's a container of imported ammunition: one hundred cartridges arranged neatly in their holders underneath the blue label .22 Long Rifle. He counts eleven inside the case and perches himself against the iron pillar where the vine grows.

His shots make a tight group. He puts the weapon over his shoulder and, after shooting, the muscle tenses up. Tightness often turns into a sharp pain or a cramp that prevents him from raising his arm all the way. He keeps firing just the same, and it's only when the chamber is empty that he moves closer, to see where the bullets have entered; his fingertips search for round holes in the natural furrows of the wood.

Each detonation is a balm. Even at night, when the sound of gunshots makes him dream of stampedes destroying everything in their wake. Sometimes they're buffalo, other times only deer. The most terrifying nights, though, he dreams

plemente ciervos. Las noches más aterradoras, sin embargo, sueña con pequeños conejos, gazapos que no alcanzan el tamaño de un terrón de azúcar.

about small rabbits, bunnies not even the size of a lump of
sugar.

ÁFRICA

Corona la sala una pintura de esas que no tienen más motivo que preceder las sillas con apoyabrazos. La escena representa dos ciervos pastando en una llanura seca y rala, por lo que todo es amarillo, de los animales al prado pasando por un cielo que se une sin matices en pleno mediodía solar. Tiene algo estepario que fácilmente podría terminar en África y que, por esta vez, deriva en otra escena de tiro.

El final que el chico imagina para su casa cambia mucho. Una mañana, después de la muerte reciente de su madre, colgará en la pared un plato de porcelana alemana. Los objetos pasarán al galope de una generación a otra y aprenderá a montarse a ese ejercicio como un jinete diestro. Poner y quitar clavos cada unos cuantos años, envolver y desenvolver porcelana, plata y cristalería. Las generaciones se medirán por el número de tazas anteriores perdidas en la pileta de la cocina y tazas posteriores recuperadas en vistas de las bodas nuevas. El plato tendrá una inscripción en la parte de atrás que diga que deberán descolgarlo y entregárselo en el día de su casamiento.

AFRICA

The living room is crowned by a painting, one that has no purpose other than to take precedence over the armchairs. In the scene there are two deer, grazing on a sparse, dry plain: everything is yellow, from the animals to the meadow to a shadeless sky at high noon. There is something steppe-like about the painting that could have easily led to Africa but, in this moment, only reminds them of yet another hunting scene.

The end the boy imagines for his house often changes. One morning, after the recent death of his mother, he hangs a porcelain plate on the wall. Objects gallop from one generation to the next, and he will learn how to handle this like a skilled horseman. To mount and unmount photographs every few years, to wrap and unwrap the porcelain, silver, and crystal ware. Generations will be measured by the number of cups lost to the kitchen sink, and those acquired afterwards, in light of new weddings, as recompense. On the back of the plate a note dictates it be taken down from the wall and given to him on his wedding day.

ORIENTE

Ahora que hasta los perros se van, las frases se hilan con la dedicación con la que ella enhebró la lana para el patchwork de la familia: edredones con motivos nórdicos hechos de cuadraditos de lana azul, verde, blanca y naranja hilvanados entre ellos hasta sumar ciento veinticuatro costuras. Esa es su dote. En realidad le gustaría decir legado, herencia. Pero la memoria se levanta a veces con la liviandad de las flores y vuelve a acostarse siempre con el peso del oro.

Su geografía es un mundo donde se duerme siempre al abrigo de tiempos inmemoriales: de ahora en más, solo existen las colonias y Oriente se pone cerca, tanto que una tarde la casa donde creció está en la India.

O más bien, la casa de la India es asombrosamente similar: las mismas lámparas de lectura en el living, el mismo cuadro de los ciervos amarillos. Los países del mundo cambian de lugar a una velocidad devastadora y el deseo de la lluvia se instala en el corazón del día. El mundo gira sobre su eje con gravedad y, al cobijo de esa ley, recorren los países más remotos sin necesitar preguntarse nunca dónde están realmente.

En uno de esos viajes, él llega con los ojos muy arqueados, las manos recién lavadas y se sienta a la orilla de la mesa, guiando la silla como un remo con el que se ejercita la carrera de agua de los parentescos. El mantel cubre la mesa. Es una quinta amplia donde hay olivos y cipreses, entre manzanos,

EAST

Now that even the dogs have left, phrases are threaded with the dedication she etched in wool into the family patchwork: quilts of Nordic motifs made with wool—blue, green, white, and orange—stitched together until they made one hundred and twenty-four seams in total. This is her dowry. In truth, she would have liked to have said legacy, inheritance. But sometimes memory rises with the levity of flowers before turning in once again, always with the weight of gold.

Her geography is a world where one sleeps bundled up in time immemorial: from now on, only the colonies exist and the East moves closer. So close that, one afternoon her childhood home is in India.

Or rather, the house in India is astonishingly similar: the same reading lamps in the living room, the same painting of yellow deer. The countries of the world move at a devastating speed, and the longing for rain settles into the heart of the day. The world turns on its axis alongside gravity and, protected by that law, they travel to faraway countries without needing to ever ask where they really are.

On one of these voyages, he arrives with sharply arched eyebrows and his hands washed. He sits at the head of the table, guiding the chair like an oar used to train for the boat race of kinship. The tablecloth covers the table. It is a large orchard, where there are olives and cypress among apple,

45

naranjos y nogales. Sobre la proa hay algunos niños, con la conciencia de las conquistas materiales y los dientes blanquísimos. Sonríen sabiendo del paso de otro tiempo, lejano y parecido al movimiento de una nube. Todo dura un instante, y solo queda que él se agarre de alguna de las ramas del mantel y entierre las botas en la cabecera para que la realidad empiece de nuevo.

orange, and walnut trees. At the prow are children who have white teeth and know all about material conquest. They smile, knowing the rhythm of another time, distant and resembling a cloud's movement across the sky. Everything lasts an instant, and the only thing left for him to do is sit at the head of the table, grab an end of the cloth, and grind his boots into the floor so that reality begins once again.

EL BOSQUE AMARILLO

Sobre el fin de las horas, el fondo es el bosque amarillo del cuadro en un día en que los ciervos, y todo lo que nace y muere, guardan una relación imposible. Dos días antes, aprenden a rezar: si lo que apunta la copa del cielo es una raíz, creo. Dos días después, se bañan al sol, en un marco de luz blanco, en el que la idea del cielo está debajo de los pies.

De ese verano queda una parcela arada sin sembrar, el silencio del jardín al alba y uno o dos gritos espaciados que no quieren decir nada pero que sin embargo tienen el poder de detener el tiempo. Por primera vez, se escucha el reloj con claridad y cada tic es un mensaje que tiene la fuerza de una flecha lanzada hacia el presente. ¿Qué quiere decir eso? Probablemente que al aprender a encender el fuego, una tarde después de la lluvia por venir, la tarea se convierta en una lección para no olvidar. Quiénes son ellos—algo parecido a una llama que se aviva con el fuelle.

Las frases se hablan en un dialecto local, parecido al inglés, pero mezclado con otra lengua que funciona como una herramienta que se manipula cuando no se puede asir las cosas con las manos porque no están limpias. Las palabras con las que designan el trabajo y cuatro troncos de astillas anaranjadas dispuestos frente a la chimenea para secarse. Esa casa es la suya, la de ellos, entregándose a lo que queda de la vida como a una pesca misteriosa.

THE YELLOW FOREST

Near the end of the hours, the background is the yellow forest of the painting, a day on which deer, and all else that is born and will one day die, are bound by an impossible connection. Two days prior, they learn how to pray: if what crowns the sky is a root, then I believe. Two days later, they sit in the sun, within a frame of white light, where the idea of the sky lies beneath their feet.

What remains of that summer is a plot of land plowed but unsown: the silence of the garden at dawn, and a string of one or two howls that, while meaningless, nevertheless have the power to stop time. For the first time, the clock can be heard clearly, and each tick is a message flung with the force of an arrow towards the present. What does that mean? Probably, that upon learning to light a fire one afternoon after the rain has come, the task will become a memorable lesson. Who are they—something like a flame stoked by a fireplace bellows.

The dialect spoken is local, one similar to English but mixed with another tongue, a language that functions as a tool to grasp the unclean things one tries to avoid touching. The words are used to talk about work and four logs with orange splinters arranged in front of the chimney to dry. That house is hers, theirs, surrendering to what life is left, as if giving in to the mystery of dropping a fishing line into the sea.

CIERVOS

En el sueño no existen cupos ni vedas, únicamente el celo y la brama, y cada noche sigue siendo febrero. Ese día dos animales dan saltos prodigiosos al golpe de gracia de la pólvora, y lo que se levanta, en el rececho, además de una luna inmensa, son las patas rojas y la tierra, roja también, del monte.

¿Quién lo hubiera dicho, visto siquiera?

La caza de ciervos se parece bastante a una ceremonia de cortejo: empieza durante las últimas horas de la tarde y termina cuando la luz celeste ilumina a las bestias para la muerte.

A la intemperie, entre un bramido y otro, sigue existiendo siempre la pintura del living.

DEER

In the dream, there are no quotas or hunting bans, only heat and rut, and yet each night it is still February. That day, two animals make marvelous leaps towards the coup de grâce of gunpowder, and what rises as they are being stalked, other than an immense moon, are their red legs and the earth, also red, of the mountain.

Who would have said it, even seen it?

Hunting deer is a lot like a courtship ritual: it begins in late afternoon and ends when the pale blue illuminates the beasts, just before death.

Out in the open air, between one howl and another, the painting in the living room hangs in perpetuity.

ALGUNAS ESPECIES

Sobreviven, a la sombra de la galería, dos palmeras trasplantadas del monte en viejos tarros de leche. La más alta se escabulle del sol, buscando inclinarse hacia debajo de los techos. La otra se somete al clima con docilidad y se está secando porque la primera línea de arbustos no llega a protegerla. Son pocos los árboles del jardín que todavía no dan muestras de la falta de lluvia. Los espinillos rojos y el pino más alto, ese que está unos metros más allá del frente de la casa.

Cuando él lo plantó, ella imaginó los otoños en que las piñas caerían partidas por el medio y los niños de la familia se acercarían a juntarlas. Si la temporada no era demasiado húmeda, no se desharían entre sus manos al echarlas en la canasta. Pero era improbable porque en esa región el invierno es crudo y las primeras heladas aparecen en abril, a más tardar en mayo. Entonces, después de recoger las piñas al sol—un mediodía, porque ella siempre imagina que todo sucede durante los mediodías, con el sol en una única línea sobre sus cabezas—ella conduciría a los niños hasta la estufa de la sala para mostrarles cómo encender el fuego. Harían bollos de papel con las noticias de los días anteriores y los pondrían a arder junto a la leña de las acacias que siempre caen, con rigurosa regularidad, durante las tormentas del invierno.

SOME SPECIES

They're surviving under the shade of the veranda, two palms transplanted from the hill in old milk jugs. The tallest slips away from the sun, searching for a way to bend underneath the beams. The other submits obediently to the weather and is drying out because the first line of bushes is unable to protect it. In the garden, only a few scattered trees haven't yet shown signs of the lack of rain. The red espinillos and the tallest pine, a few meters from the front of the house.

When he planted the sapling, she imagined the autumns to come: pinecones would fall to the ground and split in half, and the children of the family would come to collect them. If the season wasn't too wet, the cones wouldn't fall apart in their hands when thrown into the basket. But this was unlikely since winter in that region is harsh, and the first frost appears in April, May at the latest. Then, after collecting the pinecones in the sun—at midday, because she always imagined everything happening at midday, with the sun in a single line over their heads—she would bring the children to the fireplace in the living room to show them how to start the fire. They would make balls of paper with the news of days previous and burn them, alongside the acacia wood that always falls, with rigor and regularity, during the winter storms.

LOS CIRUELOS

Ella le cuenta al chico sobre el tiempo de las ciruelas. Habla de diciembre, de cuando los árboles se visten de flores blancas y de cómo eso quiere decir que no heló en primavera. Si todo va bien, los ciruelos parecen copos de dulce recortados sobre el fondo del parque. Primero sale la flor, la planta del suelo, como la del pie, tiene primero un callo de donde brota después el árbol.

—¿Y la ciruela?—pregunta el chico.

—La ciruela es un átomo redondo y perfecto que no se deja roer.

En un sueño del chico, la fruta se convierte en una rata redonda y blanca, tras las rejas de un jardín de noche. Ella camina de su brazo y tienen la misma edad:

—No mires—dice ella.

Pero él mira para después decirle:

—No tengo miedo. Conozco la historia en la que se seca la laguna, la historia de los ciruelos y sus flores.

En la imaginación del chico, el mundo se divide en temporadas afectivas:

La era de hielo donde su madre se congela. La era de los árboles, la llegada de la sequía. Pero también esa era, que aún no conoce, donde ella promete la llegada blanca de las flores.

Ella piensa:

Las ciudades están iluminadas pero esto es el campo y

THE PLUM TREES

She tells the boy about plum season. She speaks of December, when the trees are clothed in white flowers, and how there had been no spring frost. In good weather, the plum trees in the park look like cotton candy. First comes the flower, a plant on the sole of the ground, like a foot, with a callus from which the tree later sprouts.

—And the plum?—asks the boy.

—The plum is an atom, round and perfect, that cannot be gnawed at.

In the boy's dream, the plum becomes a rat, round and white, behind the staked fence of a night garden. She walks, taking his arm, and they are the same age.

—Don't look—she says.

But he looks and then says:

—I'm not afraid. I know the story of the dried-up lagoon, the story of the plum trees and their flowers.

In the boy's imagination, the world is divided into seasons of emotion:

The era of ice when his mother freezes over. The era of the trees, the arrival of the drought. But also the era he hasn't yet known, where she promises the white arrival of flowers.

She thinks:

Cities are well-lit, but this is the countryside, where we are as absolute as loose gears. Here there exists the origin of

estamos sueltos como engranajes absolutos. Aquí existen el origen de las especies, la falta de lluvia y la delicadeza de los hombres asoma en la espesura de los tallos.

species, the lack of rain; the delicacy of men emerges from the thickness of the stems.

LA SEQUÍA

Con la espalda ancha y el paso tibio como leche recién ordeñada, camina entre los surcos. Es dueño de una fortaleza que le robó al campo cuando la temporada fue buena y se grabó a fuego la visión fantástica, indomable, hasta el cuello de hojas.

Tomó todo porque podía y después sembró sobre el camino y a la vera, esperando que los débiles hicieran a los fuertes, y los fuertes hicieran las leyes para una descendencia vigorosa. Un amor sobrio y justo sintió, una alegría circunspecta. Eligió a su esposa midiendo el hueso sólido, radiográfico de la cadera y la tomó satisfecho porque era calcio valioso para el parto. Pero en lugar de su prole llegó la sequía—una hija seca y dura, una herradura incandescente.

THE DROUGHT

With broad shoulders and a step warm like fresh milk, he walks between furrows etched in the soil. He wields a strength stolen from the field in a better season and seared within him is the vision: fantastic, indomitable, up to the neck in leaves.

He took everything because he could, and afterwards sowed seed along the road and at its edges, hoping the weak would shape the strong, and the strong would determine the laws for vigorous offspring. He felt a righteous and sober love, a circumspect joy. He chose his wife by measuring her solid, radiographic hip bone and he took her: satisfied, because it was calcium, useful in giving birth. But instead of offspring came the drought—a daughter dry and hard; a horseshoe, incandescent.

LA CASA DE CAMPO

Se quedan solos en la cocina después de la cena y él le cuenta que a veces no se reconoce en el espejo. Entonces el chico mira su silla, la única con apoyabrazos, y entiende mejor lo que significa su nombre. Los sorprende una ráfaga de viento que entra por la ventana, silba y se retira, como pasa siempre con el aire caliente.

—Son días típicos de calor para el norte—dice el chico.

—Días frescos si estuviéramos en la India—se ríe él.

La conversación sobre el clima se estira un poco y concluyen que son días de calor insoportable para el campo. Por esta vez coinciden, aunque la mayor parte del tiempo no se parezcan casi en nada.

THE COUNTRY HOUSE

The two of them alone in the kitchen after dinner, the man tells the boy he sometimes doesn't recognize himself in the mirror. Then the boy looks at the man's chair, the only one with armrests, and he better understands the meaning behind the term. At the window, a gust of wind surprises them, whistles and retreats, as hot air always does.

—Normal days in the north, hot—says the boy.

—Cool days, if we were in India—he laughs.

The conversation about the weather stretches on a little farther, and it comes to an end with them remarking that the land cannot bear days as hot as these. For once they agree, though most of the time they hardly ever correspond.

LOS ENFERMOS

Otros años, el maíz del campo abierto es uniforme, cae sólo en los bajos, donde la tierra estuvo mojada y se barrió. Si no, los surcos respetan un ritmo de música, una distancia regular y una altura pareja. En las quintas se planta espaciado para que el frente de las casas asista a la belleza escalonada de los tallos: un retrato correctivo de la familia en el que no hay violencia y cada uno tiene derecho a su propia edad.

Entre las hojas, en el centro fértil de la tierra, ellos labran las tardes ventosas con la alegría de los niños. Esos días sin querer son felices, abren surcos en el aire como si cantaran: toda genealogía es falsa, los pájaros jaspeados están conmigo, en derredor mío, mi padre está contra mí.

Las voces se apilan como estratos geológicos, capas minerales de un mundo donde la sangre es siempre más espesa que el agua. En cada surco que abren está la promesa de la vida nueva, un hervidero—caldo de cultivo en el que algunas veces encuentran hijos, y después la cura para las enfermedades pediátricas.

Pero en el pronóstico de esta temporada no hay descendencia y el chico regresa con muy mala cara, ejerciendo presión con una palma en alguna parte del cuerpo. Al verlo llegar, ella lo tiende como a una sábana. El mármol del suelo es un bálsamo frío y sobre él, el verano se divide en un mapa de dos lenguas. De una parte, los conejos sanos se alejan

THE SICK

In other years, corn in open country is level, falling only in the lowlands where the earth had been wet and was swept away. Otherwise, the furrows follow a musical rhythm, at an even distance and height. In the orchards, planting is spaced out, so that the front of the houses can partake in the staggered beauty of the stalks: a corrective portrait of the family in which there is no violence and everyone has a right to their own age.

Between the leaves, in the fertile center of the land, they till the windy afternoons with child-like joy. On those days, without noticing, they are happy, they plow the air into rows as if they were singing: *all genealogy is false, the speckled birds are with me, around me, my father is against me.*

Voices pile up like geographical strata, mineral layers of a world in which blood is always denser than water. With each furrow they open the promise of new life, a hot spring—a breeding ground where sometimes they find children, and then the cure for childhood illnesses.

But the forecast this season predicts no progeny, and the boy comes back looking sick, pressing his palm on a part of his body. Seeing him arrive, she lays him down like a sheet. The marble floor is a cold balm where summer is divided as a map of two languages. On one side, the healthy rabbits move inland—they bound away from the house at full speed. On the other, in the dim light beneath the lamps, the boy and the sick

campo adentro—saltan a toda velocidad lejos de la casa. De la otra, a media luz y bajo las lámparas, el chico y los conejos enfermos imaginan juntos un futuro de agua. En esa fantasía hay siempre peces y cuando el tumulto de la marea se pone bravo, se levantan con las branquias abiertas en el aire.

rabbits imagine a future with water. In that fantasy, there are always fish, and when the havoc of the tide becomes rough, they rise, gills open, into the air.

GRILLOS

El día despunta temprano y todos podrían estar contentos, como en el cumpleaños de alguien. La mesa está puesta, la tetera tibia, y la leña que sobró del invierno se humedece con el rocío. Pero los milímetros que faltan por llover se instalan en el corazón de la mañana y la geografía del mundo gira sobre sus cabezas igual que las moscas. Ella recorre los países más alejados y más verdes mientras prepara el desayuno, él baja de su habitación con los ojos muy arqueados y sobre la proa está el chico.

Ella los mira desde la puerta, se quita el delantal con la elegancia de la nieve. Si lloviera, con la piel del hombro brillante, recién caída del cielo, al hombre le saldrían raíces. El chico se hamacaría con suavidad, en el borde del pasto, y ella florecería como las puntas del pelo, volviéndose muy frágil.

Pero la inclemencia de febrero es pura dureza, y los cuerpos de los tres se encallan en un mar de polvo. La idea de dios sube, baja, imita el salto de los grillos para volver a descender siempre.

CRICKETS

The day begins early, and everyone could have been happy, like on someone's birthday. The table is set, the teapot warm, and the firewood left over from winter is damp with dew. But the millimeters of rain that haven't fallen lodge themselves in the heart of morning, and the geography of the world orbits their heads like flies. She wanders across the greenest and most distant countries while making breakfast; he comes down from his room with eyebrows sharply arched, and at the prow is the boy.

If there had been rain, the skin of his shoulder gleaming, freshly fallen from the sky, the man would have grown roots. The boy would have swung back and forth gently, on the edge of the grass, and she would have frayed, like split ends, becoming very fragile.

But the harshness of February is ruthless, and their three bodies run aground in a sea of dust. The idea of god rises, falls, mimicking the leap of crickets, always descending once again.

LAS MANZANAS

A esa hora debería dormir, al día siguiente levantarse temprano y ocuparse de las cosas que—así le habían explicado—son sus obligaciones: controlar a los animales, traer agua a la casa, recorrer los potreros de enfrente y disparar, en ese orden. En cambio, son casi las dos y está despierto. Lo interrumpe ella, que entra en su habitación recién bañada, con el pelo cayéndole sobre la cara y lo ve.

—No entiendo por qué en esta casa nadie toca la puerta—dice el chico.

Ella se defiende diciendo que no se dio cuenta, y que tal vez eso quiera decir que ya se sienten en confianza.

Él responde que demasiado.

Dice:

Demasiado, como si algo de esa confianza estuviera de más.

Ella no sabe qué responder, así que le pregunta si le gustan las manzanas. Es una pregunta genuina porque más temprano horneó un pastel pero también es una forma de no entrar en una conversación escarpada. El chico es cambiante, un agua turbia que no se termina de ir y un agua fresca que corre—y turbia, y fresca, y así durante casi todo el tiempo.

Unos días antes, lo había encontrado hecho un bollo en la cama y él le había dicho que no se sentía bien. Le había tocado el pelo pensando en las dos o tres cosas que la sorprendían

APPLES

He should be asleep by now, to get up early and take care of the things which—as they had explained—are his duties: overseeing the animals, bringing water to the house, going through the pastures, and firing the gun, in that order. Instead, it's almost two o'clock and he's awake. The woman enters the room, still wet from a bath, her hair falling across her face, and looks at him.

—I don't understand why no one in this house ever knocks—says the boy.

She defends herself, saying she hadn't noticed, and perhaps this means they already trust each other.

Too much, is his response.

Too much—he says—as if something about that trust bothered him. She doesn't know how to respond, so she asks if he likes apples. The question is a genuine one, she'd baked a cake earlier that day, but it's also a way of avoiding precipitous conversation. The boy is mercurial, an endless stream of cloudy water and a fresh current that flows freely—then turbid, then clear, like that, almost all the time.

She'd found him in bed a few days earlier curled up like a roll of bread, he told her he wasn't feeling well. She stroked his hair, thinking about one or two things that surprised her about the boy. His fragility, and the temperature of his body, colder than hers. The softness of his skin and its smoothness,

69

del chico. Su fragilidad y la temperatura de su cuerpo, más frío que el suyo. La suavidad de su piel y su lisura, prueba de que nunca había pasado mucho tiempo al sol. Las cosas que la sorprendían eran animales—había pensado. Eso, y que el chico era de una generación en la que los niños ya no se llenaban de pecas—una generación que habría estado entre la suya y la de sus hijos. Pero ella no tiene hijos y el chico tiene el aplomo de un mundo donde las personas no dependen de la altura del pasto.

proof he'd never spent much time in the sun. The things that surprised her were creaturely—she'd thought. That, and that the boy belonged to a generation in which children would no longer be covered in freckles—a generation that could have been between hers and her children's. But she has no children, and the boy has the poise of a world in which people no longer depend on the height of the grass.

AL CHICO, ESTA MAÑANA

Le asoma apenas la raíz de un diente, una ola minúscula, perceptible solo para la lengua—en el fondo de la boca, en un lugar donde de natural no habría un diente. Es un canino filoso, grave como un peligro escalonado. Un diente es también una medida y sonríe con una imaginación nueva. La leche hierve en la cocina y se separa la nata—él la remueve con una cuchara y deja el blanco desnudo.

La nata es la piel de la leche. La corteza de los materiales no es siempre sólida y las formas del amor están siempre torcidas hacia algún lado. Más vale elegir un objeto sin respiración, una superficie reducida y segura donde apoyarse a la hora más silenciosa del día. Como la galería, ahora que los cerramientos dan ese efecto de luz más claro.

El diente del chico les avisa que están grandes: los niños bajo el vidrio de la mesa de noche conservan cierta similitud, pero no en la parte de la forma, eso se endurece en cuenta regresiva y se confirma la teoría de los codos—caminan con ellos, escriben con ellos también. Gatear es el ejercicio de los brazos, y se separan para siempre de la infancia con el esfuerzo de andar sobre otras extremidades.

¿Quiénes son esos hombres que los visitan? ¿Y esas mujeres que llegan en horario repetido cada día? Sus padres no. Sus hijos tampoco. Esas personas son el intercambio de sus horas

TO THE BOY, THIS MORNING

The root of a tooth barely protrudes, a tiny wave, perceptible only to the tongue—in the back of the mouth, in a place where normally there would be no tooth. It is a sharp canine, dangerous like a staggered threat. A tooth is also a measure, and he smiles with a new imagination. The milk boils in the kitchen and the cream separates; he stirs it out with a spoon and leaves the white bare.

Cream is the skin of milk. The crust of materials is not always solid, and the forms love takes are always twisted in one part or another. Better to choose an object that does not breathe, a safe and small surface to lean into during the day's most silent hour. Like the veranda, now that the contrast of the wood sets off the light.

The boy's tooth announces that they have grown: beneath the nightstand's glass, the photos of the children retain a certain familiarity, though not in shape, which only hardens over the course of the countdown, and the theory of elbows is confirmed—they walk with them, they write with them, too. Crawling is an exercise of the arms, and what separates them forever from childhood is the effort of walking by means of other extremities.

Who are these men who visit them? And these women who arrive each day, according to a recurring schedule? Not

de trabajo por las horas de trabajo de otros. Una batalla amo-
rosamente ganada que permite llevar las cuentas pulcras.

their parents. Nor their children. These people are offering their work in exchange for the work of others. A battle, won lovingly, that allows for the keeping of tidy accounts.

LA HORA DEL TÉ

La vista del jardín a través de las ventanas es difusa y lo que queda del verano se alivia por esa distancia. Están juntos, protegidos por la espesura del vidrio de la desolación del llano. La pava echa el vapor del té en la cocina y una silla arrastrada con esmero cerca de la puerta es un lugar seguro. Ella mira las rosas y la imprudencia de la belleza la turba—un tesoro minúsculo que cabe en el puño cerrado de la mano.

Sabe que la dulzura es una forma que escapa a la civilidad y que en la pequeñez de las flores está contenida toda la historia de los árboles. El miedo toma muchas formas a lo largo del día—pero el corazón es una piedra que descansa fuera y si logra dejar de pensar en las flores, aparece una imagen de él:

Con un gesto vivo, levantando una red del agua y descubriendo una tortuga marina entre el chapoteo plateado de los peces. Una tortuga verde y enorme que tendrán que arrojar de nuevo al mar.

TEATIME

The view of the garden through the window is diffuse and what's left of the summer is relieved by that distance. They are together, protected from the desolation of the plain by the thickness of the glass. In the kitchen, the kettle steams and a chair, dragged neatly towards the door, is a place of stillness. She looks at the roses and the recklessness of their beauty disturbs her—treasure small enough to fit within a closed fist.

She knows sweetness is a form eluding civility, and the smallness of the flowers contains the entire history of the trees. Fear takes many forms throughout the day—but the heart is a stone that rests outside of it all and, if she manages to stop thinking about the flowers, what appears is his image:

In a swift motion, lifting a net from the water and finding a sea turtle among the silver splash of fish. Immense and green, a turtle that will have to be cast back into the sea.

SU CUMPLEAÑOS

Están acodados, cada cual en su sillón del living. Parece ser un día de esos en que la historia de los árboles secos está lejos. Es, también, el día de su cumpleaños número treinta y ella permanece largo rato suspendida en esa idea. El sol cae en forma de finos hilos transparentes y se pregunta cómo olerá el jardín en ese momento—se hunde en el silencio de sus posesiones, tenuemente iluminada por las bajas de la tensión eléctrica.

¿Existirá una forma más triste del verano?

Tal vez sí. En otra parte. En el hospital donde la madre del chico es una sombra liviana.

Por un segundo tiene deseos de llorar. Pero enseguida recupera el temple y recuerda un viaje en auto por los caminos arenosos de la costa. Tiene la sensación de estar en ese lugar de nuevo, mientras el auto avanza por una calle angosta y faroles de luz amarilla. Vuelve a ver los árboles cerrándose como una cúpula espesa y verde, y a ella misma presintiendo que tal vez hubiera sido agradable vivir allí. Pero cómo abandonar el campo si entre ellos todo es la tierra y sus grandes extensiones, aun cuando se encuentren en el centro de la sala.

HER BIRTHDAY

They're in the living room, each leaning back in their own armchair. It's one of those days in which the story of dry trees seems distant. It's also the day of her thirtieth birthday, and, for a long time, she stays suspended in this idea. The sun falls as thin, transparent threads; she wonders how the garden must smell then—and sinks into the silence of her possessions, dimly lit by weak electricity.

Could there be a more melancholy kind of summer?

Perhaps. Elsewhere. In the hospital, where the boy's mother is a thin shadow.

For a second, she wants to cry, but immediately composes herself. She remembers a trip along the sandy roads of the coast and has the feeling of being there once again. The car moves along a narrow road and the yellow glow of headlights. Again she sees the trees closing in like a thick, green dome and remembers once feeling that it would have been nice to live there. But: how to leave the countryside if everything between them is land and its vast expanses, even when they come across each other in the middle of the living room.

TILOS

Él ara y a su paso aparece un reguero de gaviotas—buscan los gusanos, se hunden como estampida en la negrura que levanta la rastra.

Ella se persigna ante un ternero, una cría flaca que se da contra las púas cuando escucha la percusión de un arma.

El que dispara es el chico: en la lengua menguante de un rifle veintidós.

En el corazón del potrero, ella lustra una agrupación de guerra, el cargador vacío de un rifle manual. Nadie los mandó a vivir en el borde del mundo pero ahora tienen que percutir el campo, los perdigones, las pulgadas, ese predio que parece morirse de tristeza. El hombre labra igual, y en la casa las persianas blancas golpean para adentro. Hay una música o la modulación de las cláusulas para un testamento: un porvenir para el que pisa la rastra, una melodía con voz para el que percute, un pulso para la cría enferma y una nota para ella, en ese papel donde la gaviota más blanca va hacia la tierra. Plantaría algodón para que se viera como el Ártico, para quedarse ciega bajo esa luz. O rezaría por un dios fuerte como un roble, que tuviera además la calma de los tilos.

THE LINDEN TREES

In the wake of his plow, a stream of seagulls appears—looking for worms, they sink into the blackness raised by the harrow.

She makes the sign of the cross in front of a calf, a thin one that slams up against the barbed wire as soon as it hears the percussion of a firearm.

The one shooting is the boy: the waning tongue of a .22 rifle.

In the heart of the corral, she shines a cluster of war, the empty clip of a manual rifle. No one forced them to live on the edge of the world, but now they must strike the field, the buckshot, the inches, a property that seems to die of sorrow. The man tills all the same, and in the house the white blinds beat inwards. There's music or the modulation of clauses in a will: a future for the one who draws the harrow over the land, a melody with a voice for the one who strikes, a pulse for the sick child, and a note for her, in that document where the whitest seagull flies toward the earth. She'd like to plant cotton so the land would look like the Arctic, to go blind in that light. Or to pray for a god, strong like an oak, calm as the linden trees.

LOS HEMISFERIOS

Él se mira en un bebedero: la prevención de la crueldad, piensa, con la distancia inhumana de la brújula.

¿Y si todo sucediera muy lejos?

Este verano es más bien como un sueño que se tiene temprano, con la sinuosidad de una caravana de camellos. Ella camina sobre los codos cuando él dice:

—Estoy seguro de que serías feliz en el mar.

Ella sabe entonces que no aprenderán a caminar de otro modo. Todo entre ellos es los codos, la juntura de la mañana y la extensión de un hilo amarillo visto desde el cielo. Asiente sin el menor gesto—el movimiento es todo de él: los tics del tigre y la verdad revelada en su interior.

¿Si se dan la mano? ¿El brazo? Se dan los codos. Están suspendidos como la brillantez del polvo y tienen el pecho como los sacos de aire de las gaitas. Él menciona la temporada de pesca y nadie sabe si olvida o no las reglas pero cree, por un instante, que es tiempo de apoyar los brazos sobre la mesa.

THE HEMISPHERES

He looks at his reflection in a watering trough: the prevention of cruelty, he thinks, with the inhuman distance of the compass.

What if everything were to happen far away?

This summer is more like a dream that comes early in the night, sinuous like a caravan of camels. She is walking on her elbows when he says:

—I'm sure you'd be happy at sea.

She knows then they will not learn to move otherwise. Everything between them is elbows, the joint of the morning and the spreading of a yellow thread seen from the sky. She agrees without the slightest gesture—movement is all his: the twitch of a tiger, and the truth revealed within.

Do they give each other a hand? An arm? They offer one other an elbow. They are suspended, like the radiance of dust. Their chests, like the air sacs of a bagpipe. He mentions the fishing season and no one knows if he forgets the rules or not, but, for a moment, he believes it's time to put his arms on the table.

PECES

En el baúl del coche está la valija y todas sus pertenencias encastran ahí como un tetris blando: la geometría planchada de las camisas y las faldas junto a los dientes peligrosos de los zapatos y sus suelas. Es un resumen precario de sus posesiones, donde el cambio de los territorios autoriza la continuidad de la vida. Él baja del coche, con el barro del día todavía en las ranuras de las botas y abre la tranquera. Ella toma el mando, atraviesa el último alambrado que los separa de la ruta. Hay distancias que no entran en ningún tiempo—momentos sobre los que se apoyan todas las ceremonias, con su severidad y la indolencia de sus iniciaciones.

—¿Te entró tierra en el ojo?—pregunta él.

—Sí—responde ella.

Las mentiras son blancas cuando sirven para despejar una lágrima o dos, el zigzag de una explicación que tampoco entra en ninguna medida. Van hacia la costa, donde es posible mantenerse a flote sobre la superficie por el efecto clemente de la sal y los castillos tienen desde el comienzo la consistencia inestable de las ruinas. Las aguadas van marcando el descuento, y poco a poco los alivia la idea de ocupar por algún tiempo un borde marino. Durante el trayecto hablan de caballos y de aviones. Ya no mencionan los sembrados pero tampoco el mar, ni el puerto, ni dicen nada sobre el peligro de caminar descalzos y la ferocidad de algunos peces.

FISH

The suitcase is in the trunk of the car and all their belongings fit together like a soft tetris: the ironed geometry of shirts and skirts next to the toothed threat of shoes and soles. This synopsis of their possessions is a precarious one, where a shift in territory sanctions the continuity of life. He gets out of the car, the day's mud still in the grooves of his boots, and opens the gate. She takes the wheel and drives through the last fence before the road. There are distances that do not fit within any era—ceremonies lean upon those moments, with all their severity and the indolence of initiations.

—Did you get dirt in your eyes?—he asks.

—Yes, she answers.

Lies are white when they dispel one or two tears, the zigzag of an explanation that doesn't fit anywhere either. They go toward the coast, where the clement effect of salt makes it possible to float on the surface, and where sandcastles have the unstable slump of ruins. The water is like a countdown and they are soothed, little by little, by the idea of dwelling in the sea's edge, for a time. On the way there, they talk about horses and planes. They no longer mention the crops, or the sea, or the port, nor do they say anything about the dangers of walking barefoot or the ferocity of certain fish.

LA MENTA

Él dice: En la dársena hay un reguero de pájaros y el mar está afuera, en el lugar de las luces oscilantes. Es el mundo. ¿Ves? Ahí donde se curva la panza del océano se nota mejor.

¿Qué te despierta? Una sensación de vértigo extraordinaria, ¿no es cierto? El mundo se arquea pero bien podría desaparecer por un agujero negro. Cuando volvamos al campo, todo estará acabado, pero ahora mismo el mar se mueve con lentitud, impulsado por un remo enorme y secreto.

Ella piensa: La intimidad que me es familiar es otra, vecina de los jardines y la hora del té, bajo la excusa de los jazmines y la conversación sobre los árboles. A esa misma hora nos reuniríamos debajo de los tilos a celebrar el bullicio de los nidos, tendríamos el corazón de menta o de miel, algo silvestre con aroma. En la casa de campo, la pava herviría mientras nos rozáramos los codos. El codo del agua, en cambio, es solitario y donde el Este se sella con la línea del horizonte todo parece muerto. Allí se cierra mi cuerpo bajo muchos cerrojos y muchas llaves.

Entonces responde: Tengo los pies mojados y ya es casi entrada la noche. No estoy tramando nada, regresemos.

MINT

He says: On the dock is a trickle of birds and outdoors is the sea, in the place of oscillating lights. It's the world. See? There, where the belly of the ocean is bent, it's more noticeable. What does it make you feel? A strange sense of vertigo, no? The world arches, but could well disappear into a black hole. When we return to the field, everything will be over, but right now the sea moves slowly, driven by a large, secret oar.

She thinks: The intimacy I am familiar with is another kind, neighbor of the gardens and high tea, under the pretext of jasmine and conversation about trees. At that hour, we'd be under the lindens celebrating birds chirping in their nests; we'd have hearts of mint or honey, something wild with an aroma. In the country house, the kettle would come to a boil while we grazed elbows. The elbow of the water, on the other hand, is solitary and, where the horizon line seals the East, everything seems dead. There my body closes, under many locks and many keys.

And so she responds: My feet are wet, and it's almost night. I'm not plotting anything, let's go back.

EMBARCACIONES

Están en el mar, aunque no dejen de oler a pasto seco. Caminan por la orilla como si la costa pudiera dejarlos de nuevo en el principio—como si el océano fuera una manta que pudieran echarse sobre el cuerpo. La marea sube y las imágenes del verano se mezclan, porque de eso se trata la memoria, sucesión sin orden de entidades contempladas. Una ola alta les llega hasta los pies y se toman de la mano para no desbarrancar por sus anillos.

—La última vez que visitamos el mar, ¿te acordás?

Habían huido del invierno hacia un lugar del norte donde el mar llegaba hasta la orilla con la mansedumbre de las vacas. Ella había querido remar hasta unas rocas escarpadas, a una distancia de la orilla que él no había considerado segura—a veces, ella tenía la curiosidad de los niños, él tenía siempre la prudencia de los adultos.

Esta vez, la costa los encuentra encapotados y no todas las conversaciones tienen un fin. Se preguntan cuánto sentido tiene interpretar los hechos. Ven pasar el último verano, sopesan el tiempo sin cinismo.

¿Son jóvenes? ¿Cuánto tiempo pasó?

Ahora que ella casi siempre responde que sí, el reflejo del agua le devuelve una visión no tan clara. ¿Perdió? ¿Le falta algo? Ven apiñarse una bandada de pájaros a punto de emprender una migración larga y el sol se deshace tras un

BOATS

They're at sea, even if the scent of dry grass stays with them. They walk along the shore as if the coast could leave them, once more, at the beginning—as if the ocean were a blanket that could be thrown over their bodies. The tide rises, and the images of summer become intertwined, because that is what memory contends with: the untidy succession of entities contemplated. A tall wave comes up to their feet and they hold hands so as not to fall through their rings.

—Do you remember the last time we came to the sea?

They had fled the winter heading north, where the ocean reaches the shore with the tameness of cows. She had wanted to paddle up to the steep rocks, at a distance from land he had not considered safe. Sometimes, she had the curiosity of children; he always had an adult-like prudence.

This time, the coast finds them overcast, and not all their conversations have an end. They wonder how much sense there is in interpreting the facts. They watch the last summer pass by, they weigh the time without cynicism.

Are they still young? How long has it been?

Now that she almost always answers yes, the reflection of the water conveys a vision less clear. Had she lost? Was something missing? They see a flock of birds about to embark on their long migration, and the sun melts behind a cluster of clouds. The yarn of conversation becomes easily tangled.

cúmulo de nubes. El ovillo de la conversación se enreda fácil. Las embarcaciones forman figuras cambiantes y las palabras caen una tras otra tras otra tras otra como después de una balacera. El día fue largo y las negociaciones con el paisaje los quiebran. Se distraen, demoran el desperfecto del futuro sabiendo que un instante del pasado los une, una promesa que espera que la luz sea distinta.

Él la llama por su nombre pero, antes de responder, ella tiene que dejar pasar muchos botes.

Boats form changing shapes, and words fall, one after another after another, as if they'd been shot at. The day was long, and negotiating with the landscape breaks them. They get distracted; they delay the damage of the future knowing a past moment brings them together, a promise that hopes the light will shift.

He calls her by her name but, before answering, she has to wait for several boats to pass.

MAREA ALTA

Él sueña con una carta que dice:

Querida, en el archipiélago llueve todo el tiempo. Sin embargo, dijeron que hubo sol hace algunas semanas. La temporada de lluvias hace que todo se vea especialmente dramático. Algo en los colores, en la luz. No sabría explicarlo. Remar es una actividad estoica, y adoro la sensación de llegar adonde te lleva el viento, despertar en una isla como sobre una ballena. Atrapar peces y cocerlos al fuego de una pequeña pila de madera. No extraño las ciudades, Estocolmo parece cada vez más lejos y la desolación es inmensa en las islas del norte.

Es todavía madrugada y el mar golpea fuerte, es lo primero que escucha cuando abre los ojos. El oleaje pegando contra las rocas, en alguna parte no muy lejos de donde están. Seguro la marea sube y hay mucho viento.

HIGH TIDE

He dreams of a letter that says:

Darling, in the archipelago it rains all the time. Even so, a few weeks ago they said there was sun. The rainy season makes everything look especially dramatic. Something in the colors, in the light. I wouldn't know how to explain it. Rowing is a stoic endeavor, and I love the feeling of arriving wherever the wind takes you, waking up on an island as if it were a whale. Catching fish and cooking them over the fire of a small wood pile. I do not miss the cities. Stockholm seems more and more distant; the desolation is immense in the northern islands.

It's still dawn, and the sea hits hard along the shore; it's the first thing you hear upon opening your eyes. The waves beating against the rocks, somewhere not far from here. The wind must be strong, and the tide rising.

LA TORMENTA

Visitan el mar como ahogados, él habla del porvenir y sus palabras pican como la mostaza. Ella intenta ser mansa, ensaya un dialecto de gestos blandos. Las formas del agua se deshacen frente a sus ojos, y el futuro se mina de nuevo de nostalgia. Para él: en el oleaje los precios de la cosecha varían y una vez más una tormenta pasa.

Y si lloviera, ¿dónde estarían?

Los embarcaderos no se parecen en nada al llano y en las ciudades vacacionales las nubes pasan siempre con la forma de cúmulos para memorizar—un ramillete fotográfico de recuerdos aprendidos con el esfuerzo de lecciones escolares. Barrenando el oleaje en largas filas, los animales muertos vuelven a tener el tamaño de sus manos. El viento zumba y ella lo ve manipular una navaja sobre la piedra como si le sacara punta a un lápiz. Él se agacha sobre la red y saca el primer pez, lo abre al medio y con la punta lo vacía en un balde. Verlo trabajar suspende todas las preguntas sobre el porvenir.

No muy lejos se escucha una pelea de perros y los dos levantan la vista para buscarlos. Deben estar detrás de los médanos porque no los ven. Ella se tranquiliza al verlo retomar su tarea—el ladrido de los perros tiene muchas veces el poder de perturbar el silencio pero el trabajo de un hombre es siempre la prueba de que el carácter no es otra cosa que una voluntad fuerte dirigida por una conciencia tierna. Entonces

THE STORM

They visit the sea as the drowned do. He speaks of the future with words that sting like mustard. She tries to be gentle, rehearsing a dialect of soft gestures. The patterns in the water fall apart before their eyes, and the future is mined with nostalgia once more. For him: in the waves, crop prices vary, and once again the storm clouds pass through, but it doesn't rain.

And if it were to rain, where would they be?

The piers look nothing like the pampas; in tourist towns, the clouds always pass by like lessons one learns by heart—a photographic bundle of memories studied at school. Drilling the waves in long lines, the dead animals are the size of their hands again. The wind buzzes and she sees him working a knife against the stone, as if he were sharpening a pencil. He bends over the net and pulls out the first fish, splits it down the middle and, with the tip of a knife, empties the carcass into a bucket. Watching him work suspends all questions about the future.

Not far off, a dog fight breaks out, and they both look up in search of the animals. The dogs must be behind the dunes because the woman and the man do not see them. She calms down when she sees him return to his task—barking can disturb the silence, but a man's work is always proof that character is just a strong will directed by a tender mind. She smiles, seeing his body lean back toward the earth once more.

sonríe porque el cuerpo de él se inclina de nuevo en dirección a la tierra.

En un hombre empuñando su cuchillo no hay obstáculos ni peligro—piensa—. Es solamente una imagen familiar.

In a man holding his knife, there is neither obstacle nor danger—she thinks. It is merely a familiar image.

ACKNOWLEDGEMENTS

The author & translator give thanks to the editors of the following journals where these poems appeared previously:

AzonaL: ".22 Long Rifle," "Some Species," "The Sick," "Crickets," and "Apples"

Chicago Review: "Rabbits," "Cinnamon," "Locusts," and "The Animal"

Columbia Journal: "The Yellow Forest," "The Drought," "Deer," and "Teatime"

Denver Quarterly: "The Henhouse," "A Partridge," "Grass," "The Plum Trees," and "The Storm"

ISLE: Interdisciplinary Studies in Literature and Environment: "Hemispheres," "Fish," "Mint," "Boats," and "High Tide"

The *Massachusetts Review*: "Africa," "East," "The Country House," "To the Boy, This Morning," and "Her Birthday"

Valeria Meiller is an Argentine poet and scholar who specializes in Latin American environmental politics and aesthetics. She is Assistant Professor of Social and Environmental Challenges in Latin America at the University of Texas, San Antonio. Valeria is the director of the project on plurilingual environmental poetry of Abya Yala/Afro-/Latin America, *Ruge el bosque*. She is also the author of four poetry books in Spanish, *El libro de los caballitos* (Caleta Olivia, 2021), *El mes raro* (Dakota, 2014), *Tilos* (La propia cartonera, 2010) and *El Recreo* (El fin de la noche, 2010). She is currently working on her first scholarly book, *Necroterritories: Slaughterhouses and the Politics of Death.*

Whitney DeVos is a writer, translator, and scholar specializing in the literature of the Americas. She is the translator of *Notes Toward a Pamphlet* by Sergio Chejfec (Ugly Duckling Presse, 2020) and *The Semblable* by Chantal Maillard (Ugly Duckling, 2020), as well as co-translator of *COMMONPLANCE/Lo común* by Hugo García Manríquez (Cardboard House Press, 2022) and *11* by Carlos Soto Román (Ugly Duckling, 2023). Her translations of Meiller's work won the *Columbia Journal's* spring 2021 contest in translation, judged by Sora Kim-Russell. A 2022 National Endowment for the Arts translation fellow, she lives and works in Mexico City.